Dieses Buch gehört:

_____

_____

Dieses Album gehört mir!

Das bin ich

So heiße ich:
_____

Geburtstag habe ich am
_____

Ich bin
1 2 3 4 5 6 7 8 9 10
Jahre alt.

Hier bin ich zu Hause:
_____
_____

Ich gehe in diesen Kindergarten:
_____

Meine Gruppe heißt:
_____

Das sind meine Erzieher/innen:
_____

Das ist mein Lieblingsspielzeug:
_____

Das habe ich immer dabei:
_____

An meinem Kindergarten gefällt mir besonders, dass …
_____
_____

Meine Haarfarbe:

Meine Augenfarbe:

So groß bin ich:
- 135 cm
- 130 cm
- 125 cm
- 120 cm
- 115 cm
- 110 cm
- 105 cm
- 100 cm
- 95 cm
- 90 cm
- 85 cm

Das mag ich:

☐ Flugzeug ☐ LKW
☐ Sonne ☐ Schneemann
☐ Drache ☐ Dinosaurier
☐ Musik ☐ Malen

Mein Lieblingstier:

Meine Lieblingsfarben:

Mein Fingerabdruck:

ROARRr

Mein Lieblingslied: _____
Meine Lieblingsgeschichte: _____
_____
Das finde ich lustig: _____
Das mag ich nicht: _____
Das kann ich richtig gut: _____
Das will ich später mal werden: _____
_____

Das esse ich gerne:

Ausgefüllt am: _____

So heiße ich:
_____

Geburtstag habe ich am
_____

So alt bin ich:

1 2 3 4 5 6 7 8 9 10

Hier wohne ich:
_____
_____

So groß bin ich:
- 135 cm
- 130 cm
- 125 cm
- 120 cm
- 115 cm
- 110 cm
- 105 cm
- 100 cm
- 95 cm
- 90 cm
- 85 cm

Meine Augenfarbe:

Meine Haarfarbe:

Das bin ich

Ich gehe in diesen Kindergarten:
_____

Meine Gruppe heißt:
_____

Das sind meine Erzieher/innen:
_____

Das ist mein Lieblingsspielzeug:
_____

Das habe ich immer dabei:
_____

An meinem Kindergarten gefällt mir besonders, dass …
_____
_____

Das mache ich sehr gerne:

Mein Lieblingsort:
- mein Bett
- der Spielplatz
- der Kindergarten
- vor dem Fernseher
- draußen
- _____

Hier ist Platz zum Malen!

Das esse ich gerne:

Dieser coole Sticker ist nur für dich:

Diesen Triceratops habe ich für dich ausgemalt!

Mein Fingerabdruck:

Ausgefüllt am: _____

Das bin ich

So heiße ich:
_____

Geburtstag habe ich am
_____

So alt bin ich:

Hier wohne ich:
_____
_____

So groß bin ich:
- 135 cm
- 130 cm
- 125 cm
- 120 cm
- 115 cm
- 110 cm
- 105 cm
- 100 cm
- 95 cm
- 90 cm
- 85 cm

Meine Haarfarbe:

Meine Augenfarbe:

Ich gehe in diesen Kindergarten:
_____

Meine Gruppe heißt:
_____

Das sind meine Erzieher/innen:
_____

Das ist mein Lieblingsspielzeug:
_____

Das habe ich immer dabei:
_____

An meinem Kindergarten gefällt mir besonders, dass …
_____
_____

Mein Fingerabdruck:

Das mag ich:	total gerne	gerne	geht so	nicht so gerne	gar nicht
Überraschungen					
Schlafen					
Zähne putzen					
mit Freunden spielen					
Fernsehen					

Das will ich später mal werden:

Das kann ich richtig gut:

Ausgefüllt am: _____

Meine Lieblingstiere:

Meine Lieblingsfarben:

Hier ist Platz zum Malen!

Das esse ich gerne:

Das bin ich

So heiße ich:
_____

Ich bin 1 2 3 4 5 6 7 8 9 10 Jahre alt.

Geburtstag habe ich am
_____

Hier bin ich zu Hause:
_____
_____

Ich gehe in diesen Kindergarten:
_____

Meine Gruppe heißt:
_____

Das sind meine Erzieher/innen:
_____

Das ist mein Lieblingsspielzeug:
_____

Das habe ich immer dabei:
_____

An meinem Kindergarten gefällt mir besonders, dass …
_____
_____

Meine Augenfarbe:

Meine Haarfarbe:

So groß bin ich:
- 135 cm
- 130 cm
- 125 cm
- 120 cm
- 115 cm
- 110 cm
- 105 cm
- 100 cm
- 95 cm
- 90 cm
- 85 cm

Ausgefüllt am:
_____

Diesen Dinosaurier habe ich für dich gemalt:

Mein Fingerabdruck:

Das finde ich lustig: _____

Das mag ich nicht: _____

Meine Lieblingsfarbe:

Das kann ich richtig gut: _____

Das will ich später mal werden: _____

Das esse ich gerne:

Hier ist Platz zum Malen!

Dieser coole Sticker ist nur für dich:

dino

Das bin ich

So heiße ich:
_____

Geburtstag habe ich am
_____

Ich bin
1 2 3 4 5 6 7 8 9 10
Jahre alt.

Hier bin ich zu Hause:
_____
_____

Ich gehe in diesen Kindergarten:
_____

Meine Gruppe heißt:
_____

Das sind meine Erzieher/innen:
_____

Das ist mein Lieblingsspielzeug:
_____

Das habe ich immer dabei:
_____

An meinem Kindergarten gefällt mir besonders, dass …
_____
_____

So groß bin ich:
135 cm
130 cm
125 cm
120 cm
115 cm
110 cm
105 cm
100 cm
95 cm
90 cm
85 cm

Meine Haarfarbe:

Meine Augenfarbe:

Das mag ich:

Mein Lieblingstier:

Meine Lieblingsfarben:

Mein Fingerabdruck:

ROARRr

Mein Lieblingslied: _____
Meine Lieblingsgeschichte: _____
_____
Das finde ich lustig: _____
Das mag ich nicht: _____
Das kann ich richtig gut: _____
Das will ich später mal werden: _____
_____

Das esse ich gerne:

Ausgefüllt am: _____

So heiße ich:

_____

Geburtstag habe ich am

_____.

So alt bin ich:

1 2 3 4 5 6 7 8 9 10

Hier wohne ich:

_____

_____

So groß bin ich:
- 135 cm
- 130 cm
- 125 cm
- 120 cm
- 115 cm
- 110 cm
- 105 cm
- 100 cm
- 95 cm
- 90 cm
- 85 cm

Meine Augenfarbe:

Meine Haarfarbe:

Das bin ich

Ich gehe in diesen Kindergarten:

_____

Meine Gruppe heißt:

_____

Das sind meine Erzieher/innen:

_____

Das ist mein Lieblingsspielzeug:

_____

Das habe ich immer dabei:

_____

An meinem Kindergarten gefällt mir besonders, dass …

_____

_____.

Das mache ich sehr gerne:

Mein Lieblingsort:
- mein Bett
- der Spielplatz
- der Kindergarten
- vor dem Fernseher
- draußen
- _____

Hier ist Platz zum Malen!

Das esse ich gerne:

Dieser coole Sticker ist nur für dich:

Diesen Flugsaurier habe ich für dich ausgemalt!

Mein Fingerabdruck:

Ausgefüllt am: _____

So heiße ich:

_____

Geburtstag habe ich am

_____

So alt bin ich:

Hier wohne ich:

_____

_____

So groß bin ich:
- 135 cm
- 130 cm
- 125 cm
- 120 cm
- 115 cm
- 110 cm
- 105 cm
- 100 cm
- 95 cm
- 90 cm
- 85 cm

Meine Haarfarbe:

Meine Augenfarbe:

Das bin ich

Ich gehe in diesen Kindergarten:

_____

Meine Gruppe heißt:

_____

Das sind meine Erzieher/innen:

_____

Das ist mein Lieblingsspielzeug:

_____

Das habe ich immer dabei:

_____

An meinem Kindergarten gefällt mir besonders, dass …

_____

_____

Mein Fingerabdruck:

Das mag ich:	total gerne	gerne	geht so	nicht so gerne	gar nicht
Überraschungen					
Schlafen					
Zähne putzen					
mit Freunden spielen					
Fernsehen					

Das will ich später mal werden:

Das kann ich richtig gut:

Ausgefüllt am: _____

Meine Lieblingstiere:

Meine Lieblingsfarben:

Hier ist Platz zum Malen!

Das esse ich gerne:

Das bin ich

So heiße ich:
_____

Ich bin 1 2 3 4 5 6 7 8 9 10 Jahre alt.

Geburtstag habe ich am
_____

Hier bin ich zu Hause:
_____
_____

Ich gehe in diesen Kindergarten:
_____

Meine Gruppe heißt:
_____

Das sind meine Erzieher/innen:
_____

Das ist mein Lieblingsspielzeug:
_____

Das habe ich immer dabei:
_____

An meinem Kindergarten gefällt mir besonders, dass ...
_____

Meine Augenfarbe:

Meine Haarfarbe:

So groß bin ich:
- 135 cm
- 130 cm
- 125 cm
- 120 cm
- 115 cm
- 110 cm
- 105 cm
- 100 cm
- 95 cm
- 90 cm
- 85 cm

Ausgefüllt am:
_____

Diesen Dinosaurier habe ich für dich gemalt:

Mein Fingerabdruck:

Das finde ich lustig: _____
_____

Das mag ich nicht: _____
_____

Das kann ich richtig gut: _____
_____

Das will ich später mal werden: _____

Meine Lieblingsfarbe:

Das esse ich gerne:

Hier ist Platz zum Malen!

Dieser coole Sticker ist nur für dich:

dino

Das bin ich

So heiße ich:
_____

Geburtstag habe ich am
_____

Ich bin
1 2 3 4 5 6 7 8 9 10
Jahre alt.

Hier bin ich zu Hause:
_____
_____

Ich gehe in diesen Kindergarten:
_____

Meine Gruppe heißt:
_____

Das sind meine Erzieher/innen:
_____

Das ist mein Lieblingsspielzeug:
_____

Das habe ich immer dabei:
_____

An meinem Kindergarten gefällt mir besonders, dass …
_____
_____

Meine Haarfarbe:

Meine Augenfarbe:

So groß bin ich:
- 135 cm
- 130 cm
- 125 cm
- 120 cm
- 115 cm
- 110 cm
- 105 cm
- 100 cm
- 95 cm
- 90 cm
- 85 cm

Das mag ich:

Mein Lieblingstier:

Meine Lieblingsfarben:

ROARRr

Mein Fingerabdruck:

Mein Lieblingslied: ~~~~~~~~~~~~~~~~~~~~~~

Meine Lieblingsgeschichte: ~~~~~~~~~~~~~~~~
~~~~~~

Das finde ich lustig: ~~~~~~~~~~~~~~~~~~~~~~~

Das mag ich nicht: ~~~~~~~~~~~~~~~~~~~~~~~~~

Das kann ich richtig gut: ~~~~~~~~~~~~~~~~~~~

Das will ich später mal werden: ~~~~~~~~~~~~
~~~~~~

Das esse ich gerne:

Ausgefüllt am: _____

So heiße ich:

_____

Geburtstag habe ich am

_____

So alt bin ich:

1 2 3 4 5 6 7 8 9 10

Hier wohne ich:

_____

_____

Das bin Ich

So groß bin ich:
- 135 cm
- 130 cm
- 125 cm
- 120 cm
- 115 cm
- 110 cm
- 105 cm
- 100 cm
- 95 cm
- 90 cm
- 85 cm

Meine Augenfarbe:

Meine Haarfarbe:

Ich gehe in diesen Kindergarten:

_____

Meine Gruppe heißt:

_____

Das sind meine Erzieher/innen:

_____

Das ist mein Lieblingsspielzeug:

_____

Das habe ich immer dabei:

_____

An meinem Kindergarten gefällt mir besonders, dass ...

_____

_____

Das mache ich sehr gerne:

Mein Lieblingsort:
- mein Bett
- der Spielplatz
- der Kindergarten
- vor dem Fernseher
- draußen
- _____

Hier ist Platz zum Malen!

Das esse ich gerne:

Dieser coole Sticker ist nur für dich:

Diesen Ankylosaurus habe ich für dich ausgemalt!

Mein Fingerabdruck:

Ausgefüllt am: _____

So heiße ich:

_____

Geburtstag habe ich am

_____

So alt bin ich:

Hier wohne ich:

_____

_____

Das bin ich

So groß bin ich:
- 135 cm
- 130 cm
- 125 cm
- 120 cm
- 115 cm
- 110 cm
- 105 cm
- 100 cm
- 95 cm
- 90 cm
- 85 cm

Meine Haarfarbe:

Meine Augenfarbe:

Ich gehe in diesen Kindergarten:

_____

Meine Gruppe heißt:

_____

Das sind meine Erzieher/innen:

_____

Das ist mein Lieblingsspielzeug:

_____

Das habe ich immer dabei:

_____

An meinem Kindergarten gefällt mir besonders, dass …

_____

_____

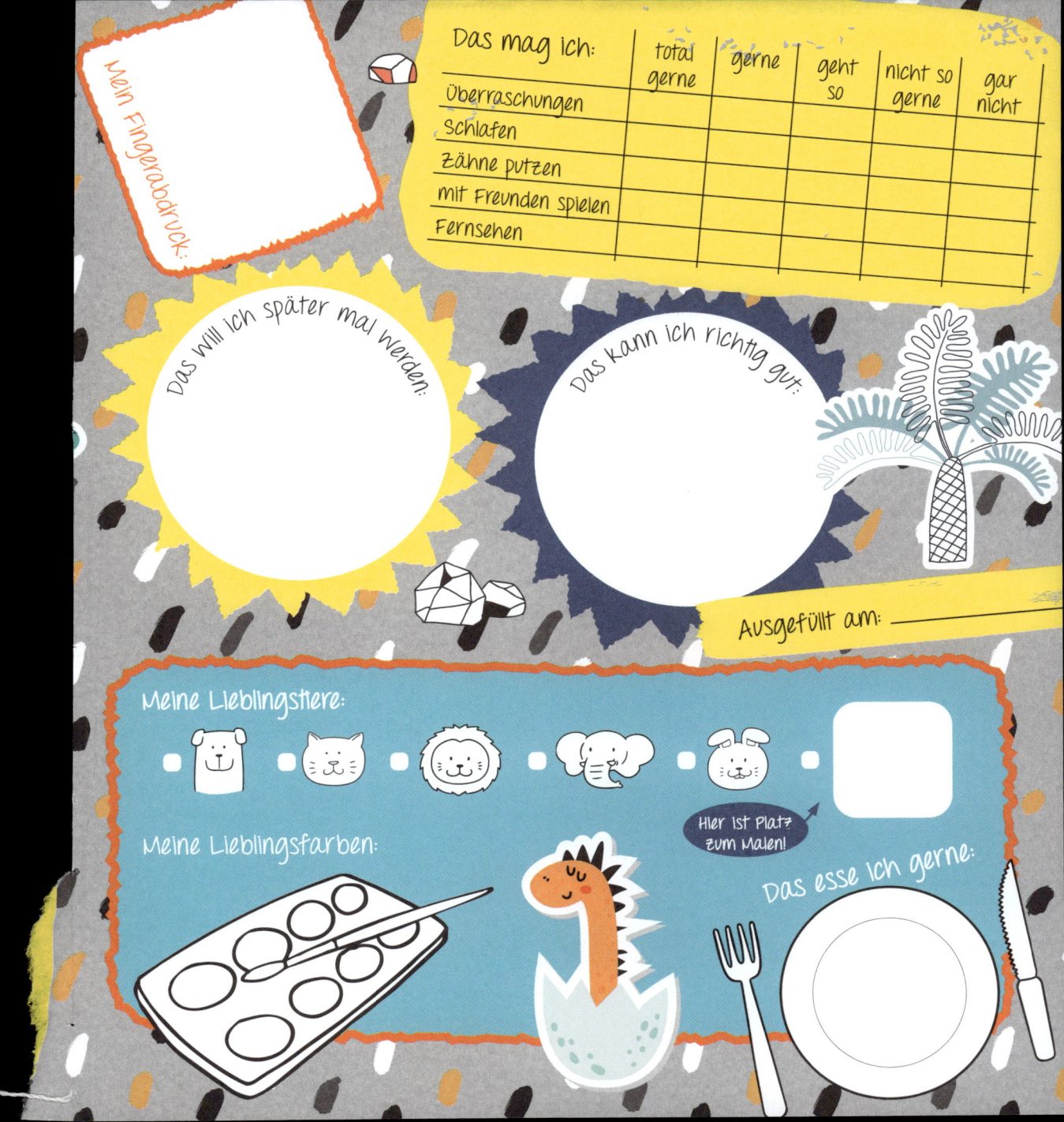

Mein Fingerabdruck:

Das mag ich:	total gerne	gerne	geht so	nicht so gerne	gar nicht
Überraschungen					
Schlafen					
Zähne putzen					
mit Freunden spielen					
Fernsehen					

Das will ich später mal werden:

Das kann ich richtig gut:

Ausgefüllt am: _____

Meine Lieblingstiere:

Meine Lieblingsfarben:

Hier ist Platz zum Malen!

Das esse ich gerne:

Das bin ich

So heiße ich:
_____

Ich bin
1 2 3 4 5 6 7 8 9 10
Jahre alt.

Geburtstag habe ich am
_____

Hier bin ich zu Hause:
_____
_____

Ich gehe in diesen Kindergarten:
_____

Meine Gruppe heißt:
_____

Das sind meine Erzieher/innen:
_____

Das ist mein Lieblingsspielzeug:
_____

Das habe ich immer dabei:
_____

An meinem Kindergarten gefällt mir besonders, dass ...
_____
_____

Meine Augenfarbe:

Meine Haarfarbe:

So groß bin ich:
- 135 cm
- 130 cm
- 125 cm
- 120 cm
- 115 cm
- 110 cm
- 105 cm
- 100 cm
- 95 cm
- 90 cm
- 85 cm

Ausgefüllt am:
_____

Diesen Dinosaurier habe ich für dich gemalt:

Mein Fingerabdruck:

Das finde ich lustig: _____
_____

Das mag ich nicht: _____
_____

Das kann ich richtig gut: _____
_____

Das will ich später mal werden: _____

Meine Lieblingsfarbe:

Das esse ich gerne:

Hier ist Platz zum Malen!

Dieser coole Sticker ist nur für dich:

dino

Das bin ich

So heiße ich:
_____

Geburtstag habe ich am
_____

Ich bin
1 2 3 4 5 6 7 8 9 10
Jahre alt.

Hier bin ich zu Hause:
_____

Ich gehe in diesen Kindergarten:
_____

Meine Gruppe heißt:
_____

Das sind meine Erzieher/innen:
_____

Das ist mein Lieblingsspielzeug:
_____

Das habe ich immer dabei:
_____

An meinem Kindergarten gefällt mir besonders, dass ...
_____

So groß bin ich:
- 135 cm
- 130 cm
- 125 cm
- 120 cm
- 115 cm
- 110 cm
- 105 cm
- 100 cm
- 95 cm
- 90 cm
- 85 cm

Meine Haarfarbe:

Meine Augenfarbe:

Das mag ich:

Mein Lieblingstier:

Meine Lieblingsfarben:

Mein Fingerabdruck:

ROARRr

Mein Lieblingslied: _____
Meine Lieblingsgeschichte: _____
_____
Das finde ich lustig: _____
Das mag ich nicht: _____
Das kann ich richtig gut: _____
Das will ich später mal werden: _____

Das esse ich gerne:

Ausgefüllt am: _____

So heiße ich:

_____

Geburtstag habe ich am

_____

So alt bin ich:

1 2 3 4 5 6 7 8 9 10

Hier wohne ich:

_____

_____

Das bin Ich

So groß bin ich:
- 135 cm
- 130 cm
- 125 cm
- 120 cm
- 115 cm
- 110 cm
- 105 cm
- 100 cm
- 95 cm
- 90 cm
- 85 cm

Meine Augenfarbe:

Meine Haarfarbe:

Ich gehe in diesen Kindergarten:

_____

Meine Gruppe heißt:

_____

Das sind meine Erzieher/innen:

_____

Das ist mein Lieblingsspielzeug:

_____

Das habe ich immer dabei:

_____

An meinem Kindergarten gefällt mir besonders, dass …

_____

_____

Das mache ich sehr gerne:

Mein Lieblingsort:
- ☐ mein Bett
- ☐ der Spielplatz
- ☐ der Kindergarten
- ☐ vor dem Fernseher
- ☐ draußen
- ☐ _____

Hier ist Platz zum Malen!

Das esse ich gerne:

Dieser coole Sticker ist nur für dich:

Diesen Brontosaurus habe ich für dich ausgemalt!

Mein Fingerabdruck.

Ausgefüllt am: _____

So heiße ich:

_____

Geburtstag habe ich am

_____

So alt bin ich:

Hier wohne ich:

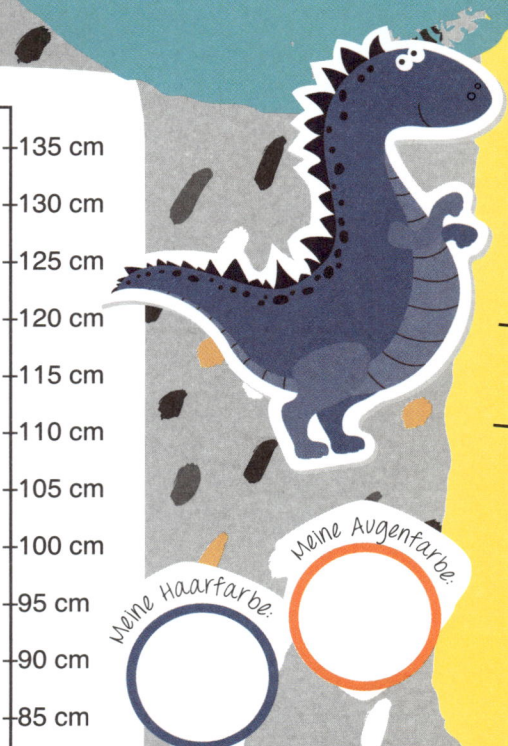

_____

_____

Das bin ich

So groß bin ich:
- 135 cm
- 130 cm
- 125 cm
- 120 cm
- 115 cm
- 110 cm
- 105 cm
- 100 cm
- 95 cm
- 90 cm
- 85 cm

Meine Haarfarbe:

Meine Augenfarbe:

Ich gehe in diesen Kindergarten:

_____

Meine Gruppe heißt:

_____

Das sind meine Erzieher/innen:

_____

Das ist mein Lieblingsspielzeug:

_____

Das habe ich immer dabei:

_____

An meinem Kindergarten gefällt mir besonders, dass ...

_____

_____

Mein Fingerabdruck:

Das mag ich:	total gerne	gerne	geht so	nicht so gerne	gar nicht
Überraschungen					
Schlafen					
Zähne putzen					
mit Freunden spielen					
Fernsehen					

Das will ich später mal werden:

Das kann ich richtig gut:

Ausgefüllt am: _____

Meine Lieblingstiere:

Meine Lieblingsfarben:

Hier ist Platz zum Malen!

Das esse ich gerne:

Das bin ich

So heiße ich:
_____

Ich bin
1 2 3 4 5 6 7 8 9 10
Jahre alt.

Geburtstag habe ich am
_____

Hier bin ich zu Hause:
_____
_____

Ich gehe in diesen Kindergarten:
_____

Meine Gruppe heißt:
_____

Das sind meine Erzieher/innen:
_____

Das ist mein Lieblingsspielzeug:
_____

Das habe ich immer dabei:
_____

An meinem Kindergarten gefällt mir besonders, dass ...
_____

Meine Augenfarbe:

Meine Haarfarbe:

So groß bin ich:
- 135 cm
- 130 cm
- 125 cm
- 120 cm
- 115 cm
- 110 cm
- 105 cm
- 100 cm
- 95 cm
- 90 cm
- 85 cm

Ausgefüllt am:
_____

Diesen Dinosaurier habe ich für dich gemalt:

Mein Fingerabdruck:

Das finde ich lustig:

Das mag ich nicht:

Das kann ich richtig gut:

Das will ich später mal werden:

Meine Lieblingsfarbe:

Das esse ich gerne:

Hier ist Platz zum Malen!

Dieser coole Sticker ist nur für dich:

dino

Das bin ich

So heiße ich:
_____

Geburtstag habe ich am
_____

Ich bin
1 2 3 4 5 6 7 8 9 10
Jahre alt.

Hier bin ich zu Hause:
_____
_____

Ich gehe in diesen Kindergarten:
_____

Meine Gruppe heißt:
_____

Das sind meine Erzieher/innen:
_____

Das ist mein Lieblingsspielzeug:
_____

Das habe ich immer dabei:
_____

An meinem Kindergarten gefällt mir besonders, dass …
_____
_____

So groß bin ich:
135 cm
130 cm
125 cm
120 cm
115 cm
110 cm
105 cm
100 cm
95 cm
90 cm
85 cm

Meine Haarfarbe:

Meine Augenfarbe:

Das mag ich:

Mein Lieblingstier:

Meine Lieblingsfarben:

Mein Fingerabdruck:

ROARrr

Mein Lieblingslied: _____

Meine Lieblingsgeschichte: _____
_____

Das finde ich lustig: _____

Das mag ich nicht: _____

Das kann ich richtig gut: _____

Das will ich später mal werden: _____
_____

Das esse ich gerne:

Ausgefüllt am: _____

So heiße ich:
_____

Geburtstag habe ich am
_____

So alt bin ich:
1 2 3 4 5 6 7 8 9 10

Hier wohne ich:
_____
_____

So groß bin ich:
- 135 cm
- 130 cm
- 125 cm
- 120 cm
- 115 cm
- 110 cm
- 105 cm
- 100 cm
- 95 cm
- 90 cm
- 85 cm

Meine Augenfarbe:

Meine Haarfarbe:

Das bin Ich

Ich gehe in diesen Kindergarten:
_____

Meine Gruppe heißt:
_____

Das sind meine Erzieher/innen:
_____

Das ist mein Lieblingsspielzeug:
_____

Das habe ich immer dabei:
_____

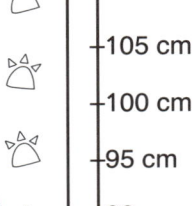

An meinem Kindergarten gefällt mir besonders, dass …
_____
_____

Das mache ich sehr gerne:

Mein Lieblingsort:
- ☐ mein Bett
- ☐ der Spielplatz
- ☐ der Kindergarten
- ☐ vor dem Fernseher
- ☐ draußen
- ☐ _____

Hier ist Platz zum Malen!

Das esse ich gerne:

Dieser coole Sticker ist nur für dich:

Diesen Stegosaurus habe ich für dich ausgemalt!

Mein Fingerabdruck:

Ausgefüllt am: _____

So heiße ich:
_____

Geburtstag habe ich am
_____

So alt bin ich:

Hier wohne ich:
_____
_____

Das bin ich

So groß bin ich:
- 135 cm
- 130 cm
- 125 cm
- 120 cm
- 115 cm
- 110 cm
- 105 cm
- 100 cm
- 95 cm
- 90 cm
- 85 cm

Meine Haarfarbe:

Meine Augenfarbe:

Ich gehe in diesen Kindergarten:
_____

Meine Gruppe heißt:
_____

Das sind meine Erzieher/innen:
_____

Das ist mein Lieblingsspielzeug:
_____

Das habe ich immer dabei:
_____

An meinem Kindergarten gefällt mir besonders, dass …
_____
_____

Mein Fingerabdruck:

Das mag ich:

	total gerne	gerne	geht so	nicht so gerne	gar nicht
Überraschungen					
Schlafen					
Zähne putzen					
mit Freunden spielen					
Fernsehen					

Das will ich später mal werden:

Das kann ich richtig gut:

Ausgefüllt am: _____

Meine Lieblingstiere:

Meine Lieblingsfarben:

Hier ist Platz zum Malen!

Das esse ich gerne:

Das bin ich

So heiße ich:
_____

Ich bin 1 2 3 4 5 6 7 8 9 10 Jahre alt.

Geburtstag habe ich am
_____.

Hier bin ich zu Hause:
_____
_____

Ich gehe in diesen Kindergarten:
_____

Meine Gruppe heißt:
_____

Das sind meine Erzieher/innen:
_____

Das ist mein Lieblingsspielzeug:
_____

Das habe ich immer dabei:
_____

An meinem Kindergarten gefällt mir besonders, dass …
_____

Meine Augenfarbe:

Meine Haarfarbe:

So groß bin ich:
- 135 cm
- 130 cm
- 125 cm
- 120 cm
- 115 cm
- 110 cm
- 105 cm
- 100 cm
- 95 cm
- 90 cm
- 85 cm

Ausgefüllt am:
_____

Diesen Dinosaurier habe ich für dich gemalt:

Mein Fingerabdruck:

Das finde ich lustig: _____

Das mag ich nicht: _____

Das kann ich richtig gut: _____

Das will ich später mal werden: _____

Meine Lieblingsfarbe:

Das esse ich gerne:

Hier ist Platz zum Malen!

Dieser coole Sticker ist nur für dich:

dino

Das bin ich

So heiße ich:
_____

Geburtstag habe ich am
_____

Ich bin **1 2 3 4 5 6 7 8 9 10** Jahre alt.

Hier bin ich zu Hause:
_____
_____

Ich gehe in diesen Kindergarten:
_____

Meine Gruppe heißt:
_____

Das sind meine Erzieher/innen:
_____

Das ist mein Lieblingsspielzeug:
_____

Das habe ich immer dabei:
_____

An meinem Kindergarten gefällt mir besonders, dass ...
_____

Meine Haarfarbe:

Meine Augenfarbe:

So groß bin ich:
- 135 cm
- 130 cm
- 125 cm
- 120 cm
- 115 cm
- 110 cm
- 105 cm
- 100 cm
- 95 cm
- 90 cm
- 85 cm

Das mag ich:

Mein Lieblingstier:

Meine Lieblingsfarben:

Mein Fingerabdruck:

ROARRr

Mein Lieblingslied: ~~~~~~~~~~~~~~~~~~~~~

Meine Lieblingsgeschichte: ~~~~~~~~~~~~~~
~~~~~~~~~~~~~~~~~~~~~~~~~~~~~~~~~~~~~~

Das finde ich lustig: ~~~~~~~~~~~~~~~~~~~~

Das mag ich nicht: ~~~~~~~~~~~~~~~~~~~~~~

Das kann ich richtig gut: ~~~~~~~~~~~~~~~~~

Das will ich später mal werden: ~~~~~~~~~~~
~~~~~~~~~~~~~~~~~~~~~~~~~~~~~~~~~~~~~~

Das esse ich gerne:

Ausgefüllt am: _____

So heiße ich:
_____

Geburtstag habe ich am
_____

So alt bin ich:
1 2 3 4 5 6 7 8 9 10

Hier wohne ich:
_____
_____

Das bin Ich

So groß bin ich:
- 135 cm
- 130 cm
- 125 cm
- 120 cm
- 115 cm
- 110 cm
- 105 cm
- 100 cm
- 95 cm
- 90 cm
- 85 cm

Meine Augenfarbe:

Meine Haarfarbe:

Ich gehe in diesen Kindergarten:
_____

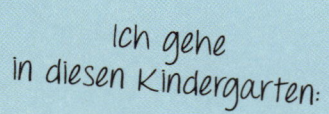

Meine Gruppe heißt:
_____

Das sind meine Erzieher/innen:
_____

Das ist mein Lieblingsspielzeug:
_____

Das habe ich immer dabei:
_____

An meinem Kindergarten gefällt mir besonders, dass ...
_____
_____

Das mache ich sehr gerne:

Mein Lieblingsort:
- mein Bett
- der Spielplatz
- der Kindergarten
- vor dem Fernseher
- draußen
- _____

Hier ist Platz zum Malen!

Das esse ich gerne:

Dieser coole Sticker ist nur für dich:

Diesen Triceratops habe ich für dich ausgemalt!

Mein Fingerabdruck:

Ausgefüllt am: _____

So heiße ich:
_____

Geburtstag habe ich am
_____

So alt bin ich:

Hier wohne ich:
_____
_____

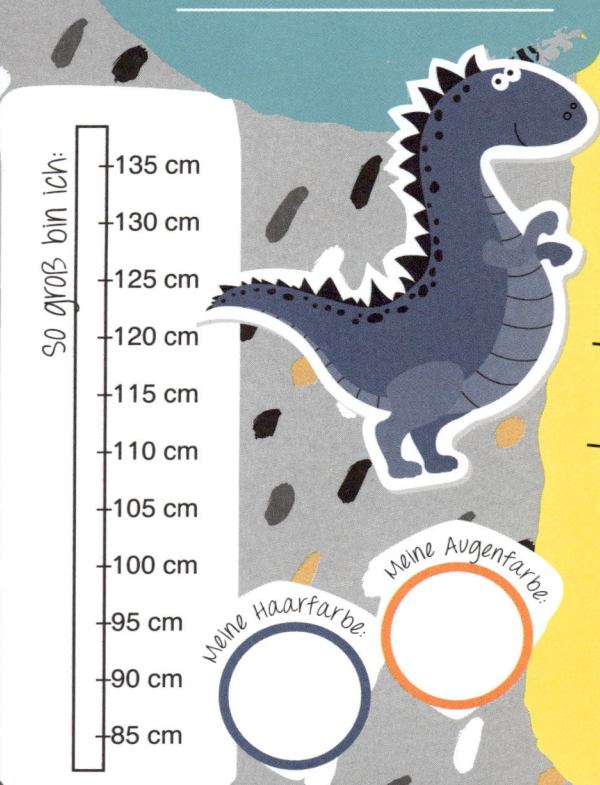

Das bin ich

So groß bin ich:
- 135 cm
- 130 cm
- 125 cm
- 120 cm
- 115 cm
- 110 cm
- 105 cm
- 100 cm
- 95 cm
- 90 cm
- 85 cm

Meine Haarfarbe:

Meine Augenfarbe:

Ich gehe in diesen Kindergarten:
_____

Meine Gruppe heißt:
_____

Das sind meine Erzieher/innen:
_____

Das ist mein Lieblingsspielzeug:
_____

Das habe ich immer dabei:
_____

An meinem Kindergarten gefällt mir besonders, dass …
_____
_____

Mein Fingerabdruck:

Das mag ich:	total gerne	gerne	geht so	nicht so gerne	gar nicht
Überraschungen					
Schlafen					
Zähne putzen					
mit Freunden spielen					
Fernsehen					

Das will ich später mal werden:

Das kann ich richtig gut:

Ausgefüllt am: _____

Meine Lieblingstiere:

Meine Lieblingsfarben:

Hier ist Platz zum Malen!

Das esse ich gerne:

Das bin ich

So heiße ich:
_____

Ich bin
1 2 3 4 5 6 7 8 9 10
Jahre alt.

Geburtstag habe ich am
_____

Hier bin ich zu Hause:
_____
_____

Ich gehe in diesen Kindergarten:
_____

Meine Gruppe heißt:
_____

Das sind meine Erzieher/innen:
_____

Das ist mein Lieblingsspielzeug:
_____

Das habe ich immer dabei:
_____

An meinem Kindergarten gefällt mir besonders, dass …
_____
_____

Meine Augenfarbe:

Meine Haarfarbe:

So groß bin ich:
- 135 cm
- 130 cm
- 125 cm
- 120 cm
- 115 cm
- 110 cm
- 105 cm
- 100 cm
- 95 cm
- 90 cm
- 85 cm

Ausgefüllt am:
_____

Diesen Dinosaurier habe ich für dich gemalt:

Mein Fingerabdruck:

Das finde ich lustig: _____

Das mag ich nicht: _____

Das kann ich richtig gut: _____

Das will ich später mal werden: _____

Meine Lieblingsfarbe:

Das esse ich gerne:

Hier ist Platz zum Malen!

Dieser coole Sticker ist nur für dich:

dino

Das bin ich

So heiße ich:
_____

Geburtstag habe ich am
_____

Ich bin
1 2 3 4 5 6 7 8 9 10
Jahre alt.

Hier bin ich zu Hause:
_____
_____

Ich gehe in diesen Kindergarten:
_____
_____

Meine Gruppe heißt:
_____

Das sind meine Erzieher/innen:
_____

Das ist mein Lieblingsspielzeug:
_____

Das habe ich immer dabei:
_____

An meinem Kindergarten gefällt mir besonders, dass ...
_____
_____

So groß bin ich:
135 cm
130 cm
125 cm
120 cm
115 cm
110 cm
105 cm
100 cm
95 cm
90 cm
85 cm

Meine Haarfarbe:

Meine Augenfarbe:

Das mag ich:

Mein Lieblingstier:

Meine Lieblingsfarben:

Mein Fingerabdruck:

ROARrr

Mein Lieblingslied: ~~~~~~~~~~~~~~~~~~
Meine Lieblingsgeschichte: ~~~~~~~~~~~~~~
~~~~~~~~~~~~~~~~~~~~~~~~~~~~~~~~~~~~
Das finde ich lustig: ~~~~~~~~~~~~~~~~~~
Das mag ich nicht: ~~~~~~~~~~~~~~~~~~~
Das kann ich richtig gut: ~~~~~~~~~~~~~~
Das will ich später mal werden: ~~~~~~~~~
~~~~~~~~~~~~~~~~~~~~~~~~~~~~~~~~~~~~

Das esse ich gerne:

Ausgefüllt am: _____

So heiße ich:

_____

Geburtstag habe ich am

_____

So alt bin ich:

1 2 3 4 5 6 7 8 9 10

Hier wohne ich:

_____

_____

Das bin ich

So groß bin ich:
- 135 cm
- 130 cm
- 125 cm
- 120 cm
- 115 cm
- 110 cm
- 105 cm
- 100 cm
- 95 cm
- 90 cm
- 85 cm

Meine Augenfarbe:

Meine Haarfarbe:

Ich gehe in diesen Kindergarten:

_____

Meine Gruppe heißt:

_____

Das sind meine Erzieher/innen:

_____

Das ist mein Lieblingsspielzeug:

_____

Das habe ich immer dabei:

_____

An meinem Kindergarten gefällt mir besonders, dass ...

_____

_____

Das mache ich sehr gerne:

Mein Lieblingsort:
- mein Bett
- der Spielplatz
- der Kindergarten
- vor dem Fernseher
- draußen
- _____

Hier ist Platz zum Malen!

Das esse ich gerne:

Dieser coole Sticker ist nur für dich:

Diesen Flugsaurier habe ich für dich ausgemalt!

Mein Fingerabdruck:

Ausgefüllt am: _____

So heiße ich:

_____

Geburtstag habe ich am

_____

So alt bin ich:

Hier wohne ich:

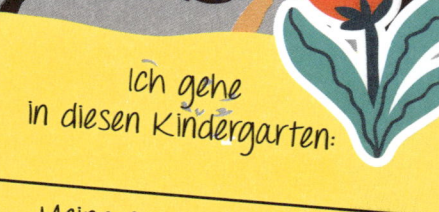

_____

_____

Das bin ich

So groß bin ich:
- 135 cm
- 130 cm
- 125 cm
- 120 cm
- 115 cm
- 110 cm
- 105 cm
- 100 cm
- 95 cm
- 90 cm
- 85 cm

Meine Haarfarbe:

Meine Augenfarbe:

Ich gehe in diesen Kindergarten:

_____

Meine Gruppe heißt:

_____

Das sind meine Erzieher/innen:

_____

Das ist mein Lieblingsspielzeug:

_____

Das habe ich immer dabei:

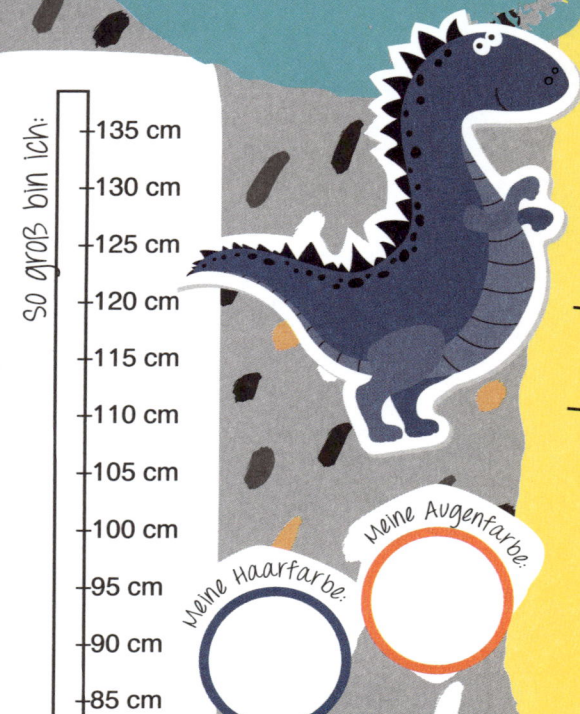

_____

An meinem Kindergarten gefällt mir besonders, dass ...

_____

_____

Mein Fingerabdruck:

Das mag ich:	total gerne	gerne	geht so	nicht so gerne	gar nicht
Überraschungen					
Schlafen					
Zähne putzen					
mit Freunden spielen					
Fernsehen					

Das will ich später mal werden:

Das kann ich richtig gut:

Ausgefüllt am: _____

Meine Lieblingstiere:

Meine Lieblingsfarben:

Hier ist Platz zum Malen!

Das esse ich gerne:

Das bin Ich

So heiße ich:
_____

Ich bin 1 2 3 4 5 6 7 8 9 10 Jahre alt.

Geburtstag habe ich am
_____

Hier bin ich zu Hause:
_____
_____

Ich gehe in diesen Kindergarten:
_____

Meine Gruppe heißt:
_____

Das sind meine Erzieher/innen:
_____

Das ist mein Lieblingsspielzeug:
_____

Das habe ich immer dabei:
_____

An meinem Kindergarten gefällt mir besonders, dass …
_____
_____

Meine Augenfarbe:

Meine Haarfarbe:

So groß bin ich:
- 135 cm
- 130 cm
- 125 cm
- 120 cm
- 115 cm
- 110 cm
- 105 cm
- 100 cm
- 95 cm
- 90 cm
- 85 cm

Ausgefüllt am:
_____

Diesen Dinosaurier habe ich für dich gemalt:

Mein Fingerabdruck:

Das finde ich lustig:

Das mag ich nicht:

Das kann ich richtig gut:

Das will ich später mal werden:

Meine Lieblingsfarbe:

Das esse ich gerne:

Hier ist Platz zum Malen!

Dieser coole Sticker ist nur für dich:

dino

Das bin ich

So heiße ich:
_____

Geburtstag habe ich am
_____

Ich bin 1 2 3 4 5 6 7 8 9 10 **Jahre alt.**

Hier bin ich zu Hause:
_____
_____

Ich gehe in diesen Kindergarten:
_____

Meine Gruppe heißt:
_____

Das sind meine Erzieher/innen:
_____

Das ist mein Lieblingsspielzeug:
_____

Das habe ich immer dabei:
_____

An meinem Kindergarten gefällt mir besonders, dass …
_____
_____

Meine Haarfarbe:

Meine Augenfarbe:

So groß bin ich:
- 135 cm
- 130 cm
- 125 cm
- 120 cm
- 115 cm
- 110 cm
- 105 cm
- 100 cm
- 95 cm
- 90 cm
- 85 cm

Das mag ich:

Mein Lieblingstier:

Meine Lieblingsfarben:

Mein Fingerabdruck:

ROARRr

Mein Lieblingslied: _____
Meine Lieblingsgeschichte: _____
_____
Das finde ich lustig: _____
Das mag ich nicht: _____
Das kann ich richtig gut: _____
Das will ich später mal werden: _____
_____

Das esse ich gerne:

Ausgefüllt am: _____

So heiße ich:
_____

Geburtstag habe ich am
_____.

So alt bin ich:
1 2 3 4 5 6 7 8 9 10

Hier wohne ich:
_____
_____

So groß bin ich:
- 135 cm
- 130 cm
- 125 cm
- 120 cm
- 115 cm
- 110 cm
- 105 cm
- 100 cm
- 95 cm
- 90 cm
- 85 cm

Meine Augenfarbe:

Meine Haarfarbe:

Das bin Ich

Ich gehe in diesen Kindergarten:
_____

Meine Gruppe heißt:
_____

Das sind meine Erzieher/innen:
_____

Das ist mein Lieblingsspielzeug:
_____

Das habe ich immer dabei:
_____

An meinem Kindergarten gefällt mir besonders, dass …
_____
_____.

Das mache ich sehr gerne:

Mein Lieblingsort:
- mein Bett
- der Spielplatz
- der Kindergarten
- vor dem Fernseher
- draußen
- _____

Hier ist Platz zum Malen!

Das esse ich gerne:

Dieser coole Sticker ist nur für dich:

Diesen Ankylosaurus habe ich für dich ausgemalt!

Mein Fingerabdruck:

Ausgefüllt am: _____

So heiße ich:
_____

Geburtstag habe ich am
_____

So alt bin ich:

Hier wohne ich:
_____
_____

Das bin ich

So groß bin ich:
- 135 cm
- 130 cm
- 125 cm
- 120 cm
- 115 cm
- 110 cm
- 105 cm
- 100 cm
- 95 cm
- 90 cm
- 85 cm

Meine Haarfarbe:

Meine Augenfarbe:

Ich gehe in diesen Kindergarten:
_____

Meine Gruppe heißt:
_____

Das sind meine Erzieher/innen:
_____

Das ist mein Lieblingsspielzeug:
_____

Das habe ich immer dabei:
_____

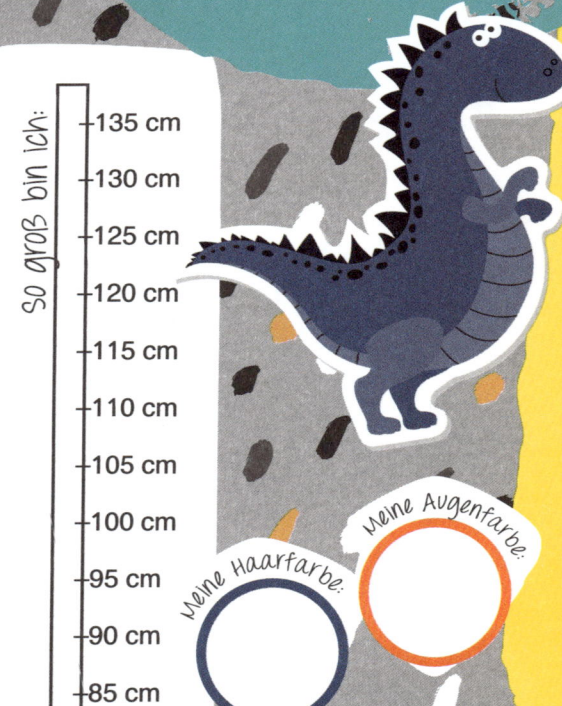

An meinem Kindergarten gefällt mir besonders, dass …
_____
_____

Mein Fingerabdruck:

Das mag ich:	total gerne	gerne	geht so	nicht so gerne	gar nicht
Überraschungen					
Schlafen					
Zähne putzen					
mit Freunden spielen					
Fernsehen					

Das will ich später mal werden:

Das kann ich richtig gut:

Ausgefüllt am: _____

Meine Lieblingstiere:

Meine Lieblingsfarben:

Hier ist Platz zum Malen!

Das esse ich gerne:

Das bin ich

So heiße ich:
_____

Ich bin 1 2 3 4 5 6 7 8 9 10 Jahre alt.

Geburtstag habe ich am
_____

Hier bin ich zu Hause:
_____
_____

Ich gehe in diesen Kindergarten:
_____

Meine Gruppe heißt:
_____

Das sind meine Erzieher/innen:
_____

Das ist mein Lieblingsspielzeug:
_____

Das habe ich immer dabei:
_____

An meinem Kindergarten gefällt mir besonders, dass …
_____
_____

Meine Augenfarbe:

Meine Haarfarbe:

So groß bin ich:
- 135 cm
- 130 cm
- 125 cm
- 120 cm
- 115 cm
- 110 cm
- 105 cm
- 100 cm
- 95 cm
- 90 cm
- 85 cm

Ausgefüllt am:
_____

Diesen Dinosaurier habe ich für dich gemalt:

Mein Fingerabdruck:

Das finde ich lustig: _____

Das mag ich nicht: _____

Das kann ich richtig gut: _____

Das will ich später mal werden: _____

Meine Lieblingsfarbe:

Das esse ich gerne:

Hier ist Platz zum Malen!

Dieser coole Sticker ist nur für dich:

dino

Das bin ich

So heiße ich:
_____

Geburtstag habe ich am
_____

Ich bin
1 2 3 4 5 6 7 8 9 10
Jahre alt.

Hier bin ich zu Hause:
_____
_____
_____

Ich gehe in diesen Kindergarten:
_____

Meine Gruppe heißt:
_____

Das sind meine Erzieher/innen:
_____

Das ist mein Lieblingsspielzeug:
_____

Das habe ich immer dabei:
_____

An meinem Kindergarten gefällt mir besonders, dass ...
_____
_____

Meine Haarfarbe:

Meine Augenfarbe:

So groß bin ich:
135 cm
130 cm
125 cm
120 cm
115 cm
110 cm
105 cm
100 cm
95 cm
90 cm
85 cm

Das mag ich:

Mein Lieblingstier:

Meine Lieblingsfarben:

Mein Fingerabdruck:

ROARRr

Mein Lieblingslied: _____

Meine Lieblingsgeschichte: _____

Das finde ich lustig: _____

Das mag ich nicht: _____

Das kann ich richtig gut: _____

Das will ich später mal werden: _____

Das esse ich gerne:

Ausgefüllt am: _____

So heiße ich:

_____

Geburtstag habe ich am

_____

So alt bin ich:

1 2 3 4 5 6 7 8 9 10

Hier wohne ich:

_____

_____

So groß bin ich:
- 135 cm
- 130 cm
- 125 cm
- 120 cm
- 115 cm
- 110 cm
- 105 cm
- 100 cm
- 95 cm
- 90 cm
- 85 cm

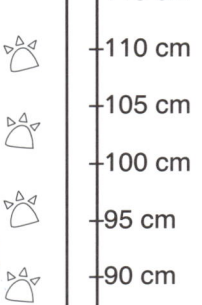

Meine Augenfarbe:

Meine Haarfarbe:

Das bin ich

Ich gehe in diesen Kindergarten:

_____

Meine Gruppe heißt:

_____

Das sind meine Erzieher/innen:

_____

Das ist mein Lieblingsspielzeug:

_____

Das habe ich immer dabei:

_____

An meinem Kindergarten gefällt mir besonders, dass …

_____
_____

Das mache ich sehr gerne:

Mein Lieblingsort:
- mein Bett
- der Spielplatz
- der Kindergarten
- vor dem Fernseher
- draußen
- _____

Hier ist Platz zum Malen!

Das esse ich gerne:

Dieser coole Sticker ist nur für dich:

Diesen Brontosaurus habe ich für dich ausgemalt!

Mein Fingerabdruck:

Ausgefüllt am: _____

So heiße ich:
_____

Geburtstag habe ich am
_____

So alt bin ich:

Hier wohne ich:
_____
_____

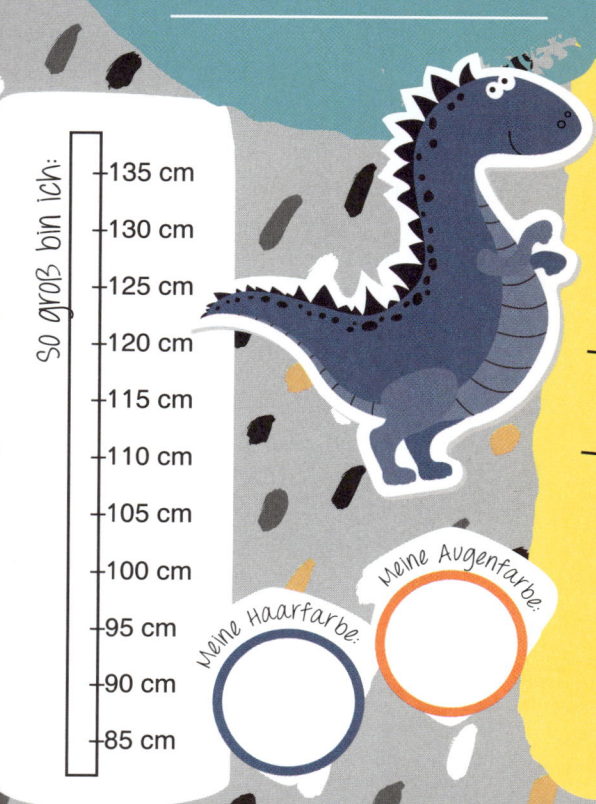

Das bin ich

So groß bin ich:
- 135 cm
- 130 cm
- 125 cm
- 120 cm
- 115 cm
- 110 cm
- 105 cm
- 100 cm
- 95 cm
- 90 cm
- 85 cm

Meine Haarfarbe:

Meine Augenfarbe:

Ich gehe in diesen Kindergarten:
_____

Meine Gruppe heißt:
_____

Das sind meine Erzieher/innen:
_____

Das ist mein Lieblingsspielzeug:
_____

Das habe ich immer dabei:
_____

An meinem Kindergarten gefällt mir besonders, dass …
_____
_____

Mein Fingerabdruck:

Das mag ich:	total gerne	gerne	geht so	nicht so gerne	gar nicht
Überraschungen					
Schlafen					
Zähne putzen					
mit Freunden spielen					
Fernsehen					

Das will ich später mal werden:

Das kann ich richtig gut:

Ausgefüllt am: _____

Meine Lieblingstiere:

Meine Lieblingsfarben:

Hier ist Platz zum Malen!

Das esse ich gerne:

Das bin ich

So heiße ich:
_____

Ich bin 1 2 3 4 5 6 7 8 9 10 Jahre alt.

Geburtstag habe ich am
_____

Hier bin ich zu Hause:
_____
_____

Ich gehe in diesen Kindergarten:
_____

Meine Gruppe heißt:
_____

Das sind meine Erzieher/innen:
_____

Das ist mein Lieblingsspielzeug:
_____

Das habe ich immer dabei:
_____

An meinem Kindergarten gefällt mir besonders, dass …
_____

Meine Augenfarbe:

Meine Haarfarbe:

So groß bin ich:
- 135 cm
- 130 cm
- 125 cm
- 120 cm
- 115 cm
- 110 cm
- 105 cm
- 100 cm
- 95 cm
- 90 cm
- 85 cm

Ausgefüllt am:
_____

Diesen Dinosaurier habe ich für dich gemalt:

Mein Fingerabdruck:

Das finde ich lustig: _____
_____

Das mag ich nicht: _____
_____

Das kann ich richtig gut: _____
_____

Das will ich später mal werden: __

Meine Lieblingsfarbe:

Das esse ich gerne:

Hier ist Platz zum Malen!

Dieser coole Sticker ist nur für dich:

dino

Das bin ich

So heiße ich:
_____

Geburtstag habe ich am
_____

Ich bin
1 2 3 4 5 6 7 8 9 10
Jahre alt.

Hier bin ich zu Hause:
_____
_____

Ich gehe in diesen Kindergarten:
_____

Meine Gruppe heißt:
_____

Das sind meine Erzieher/innen:
_____

Das ist mein Lieblingsspielzeug:
_____

Das habe ich immer dabei:
_____

An meinem Kindergarten gefällt mir besonders, dass ...
_____
_____

Meine Haarfarbe:

Meine Augenfarbe:

So groß bin ich:
- 135 cm
- 130 cm
- 125 cm
- 120 cm
- 115 cm
- 110 cm
- 105 cm
- 100 cm
- 95 cm
- 90 cm
- 85 cm

Das mag ich:

Mein Lieblingstier:

Meine Lieblingsfarben:

Mein Fingerabdruck:

ROARRr

Mein Lieblingslied: _____

Meine Lieblingsgeschichte: _____
_____

Das finde ich lustig: _____

Das mag ich nicht: _____

Das kann ich richtig gut: _____

Das will ich später mal werden: _____
_____

Das esse ich gerne:

Ausgefüllt am: _____

So heiße ich:
_____

Geburtstag habe ich am
_____

So alt bin ich:

1 2 3 4 5 6 7 8 9 10

Hier wohne ich:
_____
_____

So groß bin ich:
- 135 cm
- 130 cm
- 125 cm
- 120 cm
- 115 cm
- 110 cm
- 105 cm
- 100 cm
- 95 cm
- 90 cm
- 85 cm

Meine Augenfarbe:

Meine Haarfarbe:

Das bin ich

Ich gehe in diesen Kindergarten:
_____

Meine Gruppe heißt:
_____

Das sind meine Erzieher/innen:
_____

Das ist mein Lieblingsspielzeug:
_____

Das habe ich immer dabei:
_____

An meinem Kindergarten gefällt mir besonders, dass …
_____
_____

Das mache ich sehr gerne:

Mein Lieblingsort:
- mein Bett
- der Spielplatz
- der Kindergarten
- vor dem Fernseher
- draußen
- _____

Hier ist Platz zum Malen!

Das esse ich gerne:

Dieser coole Sticker ist nur für dich:

Diesen Stegosaurus habe ich für dich ausgemalt!

Mein Fingerabdruck:

Ausgefüllt am: _____

So heiße ich:
_____

Geburtstag habe ich am
_____

So alt bin ich:

Hier wohne ich:
_____
_____

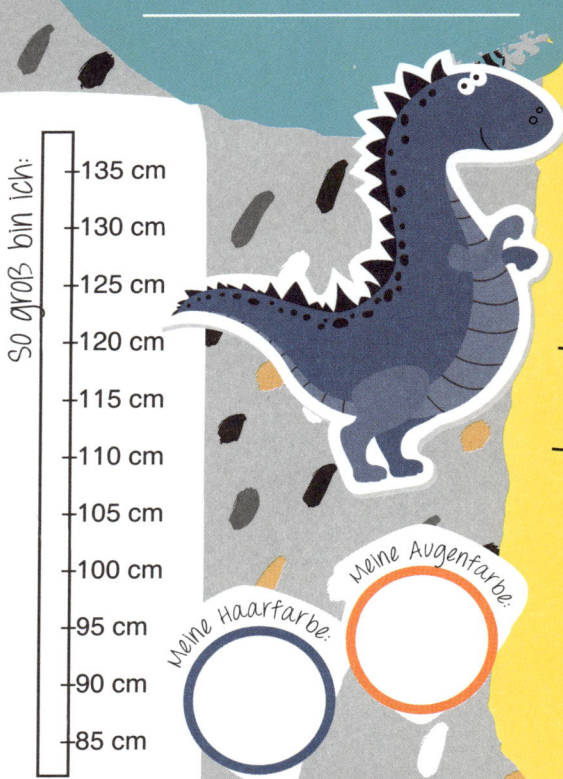

Das bin ich

So groß bin ich:
- 135 cm
- 130 cm
- 125 cm
- 120 cm
- 115 cm
- 110 cm
- 105 cm
- 100 cm
- 95 cm
- 90 cm
- 85 cm

Meine Haarfarbe:

Meine Augenfarbe:

Ich gehe in diesen Kindergarten:
_____

Meine Gruppe heißt:
_____

Das sind meine Erzieher/innen:
_____

Das ist mein Lieblingsspielzeug:
_____

Das habe ich immer dabei:
_____

An meinem Kindergarten gefällt mir besonders, dass …
_____
_____

Mein Fingerabdruck:

Das mag ich:	total gerne	gerne	geht so	nicht so gerne	gar nicht
Überraschungen					
Schlafen					
Zähne putzen					
mit Freunden spielen					
Fernsehen					

Das will ich später mal werden:

Das kann ich richtig gut:

Ausgefüllt am: _____

Meine Lieblingstiere:

Meine Lieblingsfarben:

Hier ist Platz zum Malen!

Das esse ich gerne:

Das bin ich

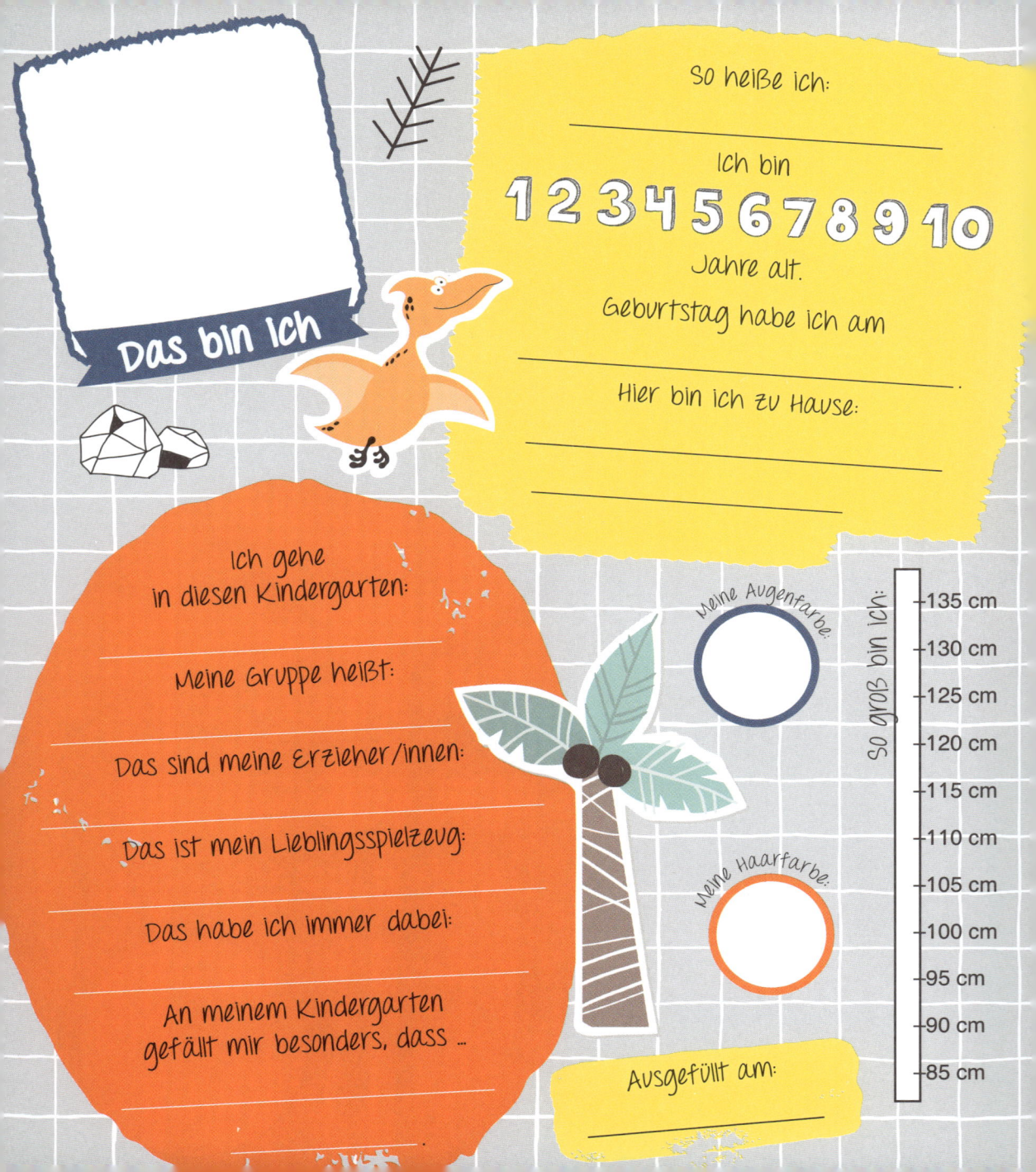

So heiße ich:
_____

Ich bin
1 2 3 4 5 6 7 8 9 10
Jahre alt.

Geburtstag habe ich am
_____.

Hier bin ich zu Hause:
_____
_____

Ich gehe in diesen Kindergarten:
_____

Meine Gruppe heißt:
_____

Das sind meine Erzieher/innen:
_____

Das ist mein Lieblingsspielzeug:
_____

Das habe ich immer dabei:
_____

An meinem Kindergarten gefällt mir besonders, dass …
_____

Meine Augenfarbe:

Meine Haarfarbe:

So groß bin ich:
- 135 cm
- 130 cm
- 125 cm
- 120 cm
- 115 cm
- 110 cm
- 105 cm
- 100 cm
- 95 cm
- 90 cm
- 85 cm

Ausgefüllt am:
_____

Diesen Dinosaurier habe ich für dich gemalt:

Mein Fingerabdruck:

Das finde ich lustig: _____
_____

Das mag ich nicht: _____
_____

Das kann ich richtig gut: _____

Das will ich später mal werden: _____

Meine Lieblingsfarbe:

Das esse ich gerne:

Hier ist Platz zum Malen!

Dieser coole Sticker ist nur für dich:

dino

Das bin ich

So heiße ich:
_____

Geburtstag habe ich am
_____

Ich bin
1 2 3 4 5 6 7 8 9 10
Jahre alt.

Hier bin ich zu Hause:
_____
_____

Ich gehe in diesen Kindergarten:
_____

Meine Gruppe heißt:
_____

Das sind meine Erzieher/innen:
_____

Das ist mein Lieblingsspielzeug:
_____

Das habe ich immer dabei:
_____

An meinem Kindergarten gefällt mir besonders, dass …
_____
_____

Meine Haarfarbe:

Meine Augenfarbe:

So groß bin ich:
- 135 cm
- 130 cm
- 125 cm
- 120 cm
- 115 cm
- 110 cm
- 105 cm
- 100 cm
- 95 cm
- 90 cm
- 85 cm

Das mag ich:

Mein Lieblingstier:

Meine Lieblingsfarben:

ROARRr

Mein Fingerabdruck:

Mein Lieblingslied: _____

Meine Lieblingsgeschichte: _____
_____

Das finde ich lustig: _____

Das mag ich nicht: _____

Das kann ich richtig gut: _____

Das will ich später mal werden: _____
_____

Das esse ich gerne:

Ausgefüllt am: _____

So heiße ich:

_____

Geburtstag habe ich am

_____

So alt bin ich:

1 2 3 4 5 6 7 8 9 10

Hier wohne ich:

_____

_____

So groß bin ich:
- 135 cm
- 130 cm
- 125 cm
- 120 cm
- 115 cm
- 110 cm
- 105 cm
- 100 cm
- 95 cm
- 90 cm
- 85 cm

Meine Augenfarbe:

Meine Haarfarbe:

Das bin Ich

Ich gehe in diesen Kindergarten:

_____

Meine Gruppe heißt:

_____

Das sind meine Erzieher/innen:

_____

Das ist mein Lieblingsspielzeug:

_____

Das habe ich immer dabei:

_____

An meinem Kindergarten gefällt mir besonders, dass …

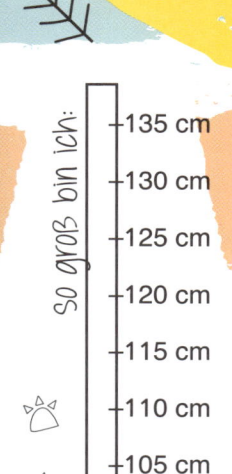

_____

_____

Das mache ich sehr gerne:

Mein Lieblingsort:
- mein Bett
- der Spielplatz
- der Kindergarten
- vor dem Fernseher
- draußen
- _____

Hier ist Platz zum Malen!

Das esse ich gerne:

Dieser coole Sticker ist nur für dich:

Diesen Triceratops habe ich für dich ausgemalt!

Mein Fingerabdruck:

Ausgefüllt am: _____

Geburtstagskalender

Januar

Februar

Mai

Juni

T-REX

September

Oktober

März

_____
_____
_____
_____

April

_____
_____
_____
_____

Juli

_____
_____
_____
_____

August

_____
_____
_____
_____

November

_____
_____
_____
_____

Dezember

_____
_____
_____
_____

Unsere Abenteuer!

dino

Hier ist Platz für ein Foto!

Hier ist Platz für ein Foto!

Hier ist Platz für ein Foto!

Hier ist Platz für ein Foto!

Hier ist Platz für ein Foto!

Hier ist Platz für ein Foto!

Hier ist Platz für ein Foto!

Hier ist Platz für ein Foto!

Diese dinostarken Kunstwerke haben wir für dich gemalt!

Hier ist Platz zum Malen und Kritzeln!

Bildnachweis

Hintergründe (alle Shutterstock.com): Bukhavets Mikhail (Weiß mit Dreiecken), sunwart (gestreift), xnova (Hellgrau mit schwarzen und gelben Strichen, Hellgrau kariert); Illustrationen farbig (alle Shutterstock.com): JuliyaKul und nafanya241 (Dinosaurier), nafanya241 (Palme, Baum, Kaktus), Krytaeva Iana (Roarrr- und Dino-Schriftzug) Svetlana Kharchuk (fleischfressende Pflanze); Illustrationen schwarz-weiß (alle Shutterstock.com): Olga_Angelloz (Vulkan, Steine, Palmblatt, Palmen, Fußabdrücke), Krytaeva Iana (Dreiecke, Ast-Schmuckelement, Wellen-Schmuckelement), Lemon Workshop Design (T-Rex-Schriftzug), AllNikArt (Kaktus, Dinosaurier zum Ankreuzen), Ksenya Savva (Dinosaurier zum Ausmalen), olllikeballoon (Geburtstagskerzen, Messer und Gabel, Tiergesichter, spielende Kinder, Sonne, Flugzeug, Bagger), Drawlab19 (Gemüse, Obst, Fast Food, Schneemann), balabolka (Noten), SchneeEule (Geburtstagszahlen), Farah Sadikhova (Drache zum Ankreuzen), H Art (Prinzessin, Ritter), Ohn Mar (Farbkasten, Wachsmalstift)

Impressum

© Circon Verlag GmbH
Baierbrunner Straße 27, 81379 München
Ausgabe 2021

Alle Rechte vorbehalten. Nachdruck, auch auszugsweise,
nur mit ausdrücklicher Genehmigung des Verlages gestattet.

Text und Redaktion: Cornelia Giebichenstein
Produktion: Ute Hausleiter
Abbildungen: siehe Bildnachweis oben
Titelabbildungen (alle Shutterstock.com): sunwart (Hintergrund), JuliyaKul (hellblauer Dinosaurier U4), nafanya241 (restliche Dinosaurier, Palme, Kaktus), Olga_Angelloz (Vulkan), Krytaeva Iana (Roarrr- und Dino-Schriftzug, Dreiecke, Ast-Schmuckelement, Wellen-Schmuckelement), Lemon Workshop Design (T-Rex-Schriftzug).
Gestaltung: Udo Rehmann | Editors Genie, Feldafing
Umschlaggestaltung: red.sign GbR (Anette Vogt), modifiziert durch FSM Premedia GmbH & Co. KG

ISBN 978-3-8174-2950-9
381742950/1

Besucht uns auf Instagram und Facebook: circonverlag

www.circonverlag.de